AF295748

LA RÉVOCATION

DE L'ÉDIT DE NANTES

ET SES CONSÉQUENCES

CONFÉRENCE DONNÉE À PARIS

Dans la salle du Boulevard des Capucines

LE DIMANCHE 15 NOVEMBRE 1885

PAR

N. RECOLIN

Pasteur de l'Église réformée de Paris

PARIS

GRASSART, LIBRAIRE-ÉDITEUR

2, RUE DE LA PAIX, 2

1885

LA RÉVOCATION

DE L'ÉDIT DE NANTES

ET SES CONSÉQUENCES

CONFÉRENCE DONNÉE A PARIS

Dans la salle du Boulevard des Capucines

LE DIMANCHE 1ᵉʳ NOVEMBRE 1885

PAR

N. RECOLIN

Pasteur de l'Eglise réformée de Paris

PARIS

GRASSART, LIBRAIRE-ÉDITEUR

2, RUE DE LA PAIX, 2

1885

LA

RÉVOCATION DE L'ÉDIT DE NANTES

ET SES CONSÉQUENCES

———

Messieurs,

Il est dans l'histoire des peuples des dates néfastes qui rappellent à notre souvenir toute une série de fautes et de malheurs. Nous venons de commémorer, ces derniers jours, une de ces dates-là (1).

Il y a deux siècles, le 18 octobre 1685, un monarque français que l'on a surnommé *le Grand* et qui s'appelait *le Roi très-chrétien*, signait à Fontainebleau l'ordonnance tristement célèbre par laquelle il révoquait l'Edit de Nantes donné par son aïeul Henri IV et mettait hors la loi tout un peuple, le peuple protes-

(1) Cette conférence a eu pour point de départ un discours que j'ai prononcé le 18 octobre à Paris, dans le temple de l'Oratoire. Pour l'approprier à un autre genre d'auditoire, j'ai dû le transformer en supprimant la partie qui traitait des grandes leçons que nous donne ce douloureux événement et en développant celle qui a trait à ses conséquences.

tant, c'est-à-dire près de deux millions de ses sujets, les plus honnêtes et les plus fidèles.

Cette ordonnance fatale a été pour la France et pour le roi qui l'a promulguée une source inépuisable de maux de toute sorte, un principe d'affaiblissement moral et social. Les annales de l'histoire à la main, on peut affirmer que l'année 1685 coupe en deux le règne de Louis XIV. Jusqu'alors, en dépit de bien des fautes commises, on assiste à une marche ascendante de la gloire du monarque et de la prospérité de la nation; à partir de cette année, on constate le déclin, l'épuisement, la décadence. Quant à nos églises réformées de France, ce jour a rouvert pour elles l'ère sombre des persécutions, et, avec elle, des misères de toute nature : la ruine, la fuite, l'exil, les cachots, les galères, la mort. Mais du même coup, — gloire à Dieu! — il a fait éclater chez elles, aux regards étonnés des peuples et des rois, les vertus les plus admirables, les plus sublimes dévouements.

Il n'était pas possible, Messieurs, que notre Protestantisme français, relevé de ses ruines, laissât passer sans y prendre garde ce grand et douloureux Centenaire. De tous côtés on a exprimé le vœu qu'on en solennisât le retour. Et ce n'est pas seulement en France que ce vœu a été formulé, c'est encore au sein des nations protestantes voisines, l'Angleterre, la Suisse, la Hollande et, par-delà l'Océan, les Etats-Unis, partout où subsistent encore des débris ou des souvenirs de nos anciennes églises du Refuge.

Nos diverses églises protestantes de France ont répondu, avec un remarquable ensemble, à ce désir si légitime. Il y a quinze jours, le 18 octobre, ce centenaire a été célébré par des discours spéciaux dans tous nos temples, en province comme à Paris. Le jeudi 22 octobre, jour anniversaire de l'enregistrement du fatal édit, sous les auspices de *la Société de l'histoire du Protestantisme français*, qui a rendu de si grands services à la double cause du Protestantisme et de notre histoire nationale, une grande et magnifique assemblée s'est tenue au temple de l'Oratoire où étaient représentées les diverses fractions du Protestantisme et où l'on a entendu, avec des chœurs appropriés à la circonstance, la parole éloquente de quelques-uns des pasteurs les plus autorisés de nos églises de Paris (1).

Je ne serai démenti par personne en affirmant que ce n'est pas dans un esprit de récrimination et de ressentiment, que les protestants de France ont célébré une solennité semblable. Non, ils n'ont pas oublié que la France a noblement réparé les iniquités du passé en inscrivant, la première parmi les nations, dans son immortelle constitution de 1789, les grands principes de la liberté religieuse et de l'égalité de tous les citoyens devant la loi. C'est un esprit tout autre que nous avons apporté à cette commémoration. Tout d'abord, un esprit de profonde gratitude envers Dieu, le Dieu de nos pères et le nôtre, qui a sauvé et relevé les restes de notre église et qui nous permet maintenant de lui rendre librement, sous les voûtes de nos temples, le culte en esprit et en vérité; puis, un esprit d'amour pour la France, notre chère patrie, que nos pères ont si tendrement aimée, même aux jours où

(1) Notons aussi le beau et sympathique discours prononcé par M. Hyacinthe Loyson, le dimanche 25 octobre, dans l'église de la rue d'Arras.

elle les rejetait de son sein, et à la grandeur de laquelle nous, leurs descendants, nous voulons consacrer tout ce que nous avons de forces et de vie ; un esprit de tolérance et de charité pour nos frères catholiques qui ont répudié comme nous les erreurs et les haines du passé et auxquels nous unissent tant de principes, tant d'intérêts, tant de devoirs communs ; j'ajoute enfin un esprit de filiale vénération pour ces vieux huguenots qui nous ont légué de si nobles exemples de foi et d'héroïsme. — Et c'est aussi dans cet esprit-là que je viens vous entretenir, Messieurs, de ce douloureux événement, dans cette vieille salle du boulevard des Capucines, où vous savez entendre et applaudir toutes les paroles sincères, généreuses, et vraiment libérales. Laissez-moi compter cette fois encore sur votre patiente et bienveillante attention.

Dans un entretien nécessairement rapide, je ne puis avoir l'ambition de traiter à fond ce vaste sujet, je dois me borner à quelques traits généraux. Vous raconter comment fut préparée, puis accomplie la Révocation de l'Edit de Nantes ; vous signaler enfin quelques-unes des funestes conséquences de ce grand crime moral et social : tel est tout mon dessein.

I

Pour nous rendre un compte exact de la portée de l'Edit de Révocation, il nous faut remonter un siècle plus haut et savoir ce qu'était cet *Edit de Nantes* que Louis XIV a révoqué.

Ce célèbre édit fut donné le 13 avril 1598, par le plus populaire, le plus libéral et le plus politique de nos rois, en réponse aux plaintes des protestants, que son abjuration avait à la fois indignés et alarmés ; Henri IV le destinait à clore l'ère sanglante de ces guerres de Religion qui avaient désolé la France dans la seconde moitié du xvi⁰ siècle. Le roi en signa les 93 articles à Nantes et y apposa le grand sceau de cire verte qui était la marque des édits *perpétuels* et *irrévocables*.

Cet édit accordait aux protestants la liberté de conscience pleine et entière et avec elle la liberté du culte, mais en y apportant certaines restrictions. — L'exercice public du culte n'était permis *à ceux de la religion prétendue réformée* — c'est ainsi qu'on appelait nos pères — que dans les lieux où il existait déjà et où il avait été autorisé par les trois édits précédents, à savoir dans deux localités pour chaque bailliage et dans les châteaux des seigneurs ralliés à la Réforme. En ce qui concernait Paris, les réformés ne pouvaient tenir des assemblées qu'à la distance de cinq lieues. Ce fut d'abord à Ablon-sur-Seine qu'ils se réunirent ; plus tard, en vertu d'une permission spéciale obtenue de la tolérance de Henri IV, ils se rassemblèrent à deux lieues de Paris, à Charenton. Comme on se plaignait au Roi de l'infraction faite par lui à son édit qui défendait aux protestants de s'établir à moins de cinq lieues de la capitale, il répondit aux récalcitrants : « Eh bien ! on comptera désormais cinq lieues de Paris à Charenton ». De plus, l'Edit accordait aux réformés de France l'admission à « toutes dignités et toutes charges publiques », et des garanties sérieuses pour la justice, comme « des chambres mi-parties » avec égalité de droits pour les juges protestants et les juges catholiques. Des « articles secrets » joints à l'Edit leur reconnaissaient encore le droit d'ouvrir des écoles, des collèges et quatre académies, et celui de tenir des Synodes « avec la permission de sa Majesté », enfin, un certain nombre de places de sûreté.

Ce n'était pas là la liberté religieuse, comme on l'entend de nos jours, mais c'était au moins une sorte de trève de Dieu, un traité de paix entre deux peuples juxtaposés sur le même sol; c'était une solennelle répudiation de cette funeste maxime qui avait régné pendant de longs siècles et qui, hélas! devait se perpétuer durant deux siècles encore, qu'il ne doit y avoir qu'une foi, comme il n'y a qu'un roi et qu'une loi; c'était, comme on l'a dit, la fin du Moyen-Age et l'avénement des temps modernes.

Avec son intelligence vive et pénétrante, Henri IV avait bien compris les vrais besoins de son peuple, il prévoyait et devançait l'avenir. Disons-le hautement, malgré ses faiblesses et son apostasie, il a bien mérité de la France et de l'humanité.

Eh bien! c'est cet édit pacificateur que, 87 années après, le petit-fils de Henri IV avait le triste courage de révoquer. Et il le faisait, — remarquez-le, Messieurs, — au moment où le protestantisme français, brisé comme parti politique par la puissante main de Richelieu, se tenait complétement à l'écart de tous les troubles civils, notamment ceux de la Fronde, et se montrait à ce point fidèle au Roi et à la loi, que le cardinal de Mazarin disait de lui ce mot spirituel : « Je n'ai point à me plaindre du petit troupeau; s'il broute de mauvaises herbes, il ne s'écarte pas » ; au moment aussi où, malgré les tracasseries auxquelles ils étaient en butte, les réformés français enrichissaient le pays des produits de leur industrie, de leur commerce et de leur agriculture et honoraient la France devant l'Europe par l'intégrité de leur caractère, par le renom de leurs écoles et de leurs académies, par les talents et les vertus de leurs docteurs et de leurs pasteurs.

Mais ce n'est pas tout d'un coup que s'accomplit cet acte funeste ; il fut précédé et préparé par une série de mesures animées du même esprit, poursuivant le même but, savoir l'extermination lente, mais sûre, du protestantisme français. Et ce qu'il y a de caractéristique dans toutes ces mesures, c'est qu'elles ont l'air de respecter l'Edit, d'en assurer même l'exécution, lorsqu'en réalité elles travaillent à le détruire. Il y a là la marque évidente de ce déplorable esprit qu'on a si bien flétri du nom de *jésuitique*, parce que c'est bien de la trop célèbre « Société de Jésus » qu'il procède, et qui, dans tous les domaines, dans celui de la politique comme dans celui de la morale et de la religion, tend à étouffer l'esprit sous le joug de la lettre et la loi sous l'étreinte de la légalité.

Jusqu'en l'année 1661, l'année où mourut le cardinal Mazarin, l'Edit de Nantes avait été sans doute plus d'une fois éludé et tourné, sinon violé ouvertement, mais la situation des protestants de France était relativement tolérable. A partir de cette date, ils se voient enfermés dans un cercle de fer, qui va se rétrécissant d'une année à l'autre. Pendant le quart de siècle qui précède la Révocation, c'est comme une grêle d'édits qui tombent sur eux et qui blessent profondément leurs droits et leurs libertés (1). Tantôt on supprime leurs grandes assemblées parlementaires, leurs Synodes nationaux ; tantôt on démolit leurs temples — près de 600 furent rasés avant la Révocation ; — tantôt on interdit à leurs pasteurs de porter ce modeste titre qu'ils avaient si bien honoré, et de visiter leurs annexes ; tantôt on leur défend d'enterrer leurs morts en plein jour ; tantôt encore on condamne les *relaps*, — c'est-à-dire les protestants qui, sous la pression de la peur ou de l'intérêt, avaient eu la faiblesse de « se réunir », et qui, à leurs derniers moments, écoutant la voix de leur conscience, se retournaient vers leur foi première, — on les condamne, dis-je, à être traînés après leur mort sur la claie, au milieu des outrages de la populace. Plus tard parurent des édits qui autorisaient les curés à pénétrer chez les mourants pour obtenir leur conversion, qui supprimaient les chambres mi-parties de Toulouse, de Grenoble et de Bordeaux, qui détruisaient — et ce coup leur fut le plus sensible — leurs quatre académies, qui leur fermaient l'accès à toutes les carrières libérales, celles de juge, de procureur, de notaire, d'avocat, de médecin, de chirurgien, celles même d'apothicaire et de sage-femme ! Et tout cela se faisait au nom de l'Edit et, disait-on, pour le faire mieux respecter.

Mais je dois signaler à part, pour le flétrir de toute mon indignation — et de la vôtre — l'édit le

____

(1) Lisez sur ce sujet le beau volume publié par M. Pilatte (c'est une réimpression) et qui a pour titre : *Edits, Déclarations et Arrests concernant la Religion P. Réformée, 1662-1751.*

plus atroce, celui qui donnait aux enfants de sept ans — plus tard à ceux de cinq ! — le droit de quitter la religion de leur père et de leur mère, et d'entrer dans le giron de l'Eglise romaine. Quelle abominable prime offerte au prosélytisme sous sa forme la plus immorale et la plus révoltante !

Deux mesures surtout hâtèrent la catastrophe : les conversions achetées à prix d'argent et les missions bottées devenues si tristement célèbres sous le nom de *Dragonnades*.

Je ne puis entrer dans le détail de cette partie de mon sujet ; je vous renvoie aux livres spéciaux. Il me suffira de vous rappeler que, sous l'influence du clergé qui le dominait, Louis XIV avait consacré une caisse secrète à la conversion de ses sujets protestants, c'est-à-dire à l'achat des consciences, que cette caisse fut confiée aux soins d'un apostat du protestantisme devenu l'homme-lige des évêques, le fameux Pélisson, et que cette « éloquence dorée », comme on l'appelait, parut d'abord faire plus de miracles que celle des Bossuet et des Bourdaloue, mais dans quelle catégorie de protestants ! celle des misérables, des fripons ou des ignorants... Ce fut alors une mode à la cour de travailler à la conversion des réformés, et à la tête des convertisseurs on distinguait l'ancienne favorite devenue l'épouse secrète de Louis XIV, Mme de Maintenon.

Quant aux *Dragonnades*, elles furent inventées par Louvois, et ce fut dans le Poitou qu'elles furent d'abord appliquées ; plus tard, quand on fut assuré du succès, toutes les provinces du royaume, à l'exception de la généralité de Paris, furent soumises successivement à ce régime. Voici quel était le procédé de cette étrange méthode de conversion.

Dans les villes et les villages où se trouvaient un certain nombre de familles protestantes rebelles à tous les autres moyens de persuasion, on envoyait au nom du Roi un régiment de soldats qui logeaient en grand nombre dans les maisons des religionnaires pour les contraindre d'abjurer. On employa sans doute des troupes de toutes armes à cette mission militaire, mais il paraît que le corps des dragons dut à son zèle plus fougueux l'honneur de lui donner son nom... Vous vous représentez, Messieurs, ce que devenait la vie de famille protestante, ordinairement si paisible et si austère, au milieu de cette soldatesque effrénée, à laquelle tout était permis en fait de violences, sauf le viol et le meurtre... et encore ! Tout ce que l'homme peut souffrir sans mourir, les dragons l'infligèrent à nos malheureux ancêtres. Pour vous donner un aperçu de ces infamies, laissez-moi vous lire une ou deux pages d'un écrit du temps, aussi véridique qu'éloquent, qui parut quelques mois après la Révocation, en avril 1686, et qui a pour titre ces mots expressifs : *Les plaintes des protestans cruellement opprimez dans le Royaume de France*. Cet ouvrage est de l'illustre prédicateur de Charenton, Jean Claude; à l'occasion du centenaire de la Révocation il a été réédité avec beaucoup de soin et de goût et accompagné de commentaires par un de nos coreligionnaires, M. Frank Puaux (1).

« D'abord les troupes se saisissoient des avenues

(1) *Les plaintes des Protestants*, etc., pages 50-54. Voyez aussi le grand ouvrage d'Elie Benoit, *Histoire de l'Edit de Nantes*.

et des portes des villes, ils mettoient des gardes par
tous les chemins, et souvent ils entroient dans les
lieux l'épée à la main, criant : *Tuë Tuë, ou Catholiques*. On les logeoit chez ceux de la Religion pour y
vivre à discrétion avec défense à toutes personnes de
sortir hors de leurs maisons, ni de mettre à couvert
aucun de leurs meubles, ou de leurs effets, sous de
grosses peines, et aux Catholiques de les recevoir ni
de leur prêter la main en quelque sorte que ce fust. Les
premiers jours se passoient à dissiper tout ce que
leurs hôtes avoient de provisions et à leur arracher,
l'eussent-ils eu dans leurs entrailles, tout ce qu'ils
pouvoient avoir d'argent, de bagues, de joyaux de
femmes, et en général tout ce qui étoit de quelque
prix. Après cela, ils mettoient les familles au pillage,
et ils appeloient non seulement les Catholiques des
lieux, mais encore tous ceux des villes et des bourgs
circonvoisins pour venir acheter d'eux les meubles,
hardes et autres choses dont ils pouvoient faire quelque
somme. Ensuite ils s'attachoient aux personnes et il
n'y a méchanceté ni horreur qu'ils ne missent en
pratique pour les forcer à changer de Religion.

» Parmy mille hurlements et mille blasphèmes, ils
pendaient les gens, hommes et femmes, par les cheveux ou par les pieds aux planchers des chambres, ou
aux crochets des cheminées, et ils les faisaient fumer
avec des bottes de foin mouillé, jusqu'à ce qu'ils n'en
pouvoient plus, et lorsqu'ils les avoient dépendus, s'ils
ne vouloient pas changer, ils les rependoient inconti-
nent. Ils leur arrachoient les poils de la barbe et les
cheveux de la tête jusqu'à une entière dépilation.

» Il les jettoient dans de grands feux qu'ils avaient

allumez exprez et ne les en retiroient que quand ils
étoient à demi rôtis. Ils les attachoient sous les bras
avec des cordes et les plongeoient et replongeoient
dans des puits dont ils ne les ôtoient qu'après avoir
promis de changer de Religion. Ils les attachoient
comme on fait les criminels à qui on donne la ques-
tion, et en cet état avec un entonnoir ils les remplis-
soient de vin jusqu'à ce que la fumée du vin les
mettant hors d'état de raison, ils pussent leur faire
dire qu'ils consentoient à être catholiques. Ils les dé-
pouilloient nuds, et après leur avoir fait mille indi-
gnitez et mille infamies, ils les lardoient d'épingles,
depuis le haut jusqu'au bas. Ils les déchiquetoient à
coup de canif, et quelquefois avec des pincettes rou-
gies au feu ils les prenoient par le nez, les prome-
noient dans les chambres jusqu'à ce qu'ils promissent
de se faire catholiques, ou que les cris de ces pauvres
misérables qui dans cet état invoquoient Dieu à leur
secours les contraignissent à les quitter. Il les battoient
à coups de bâtons et tout meurtris et tout rompus, ils
les traînoient aux églises où leur simple présence
forcée étoit comptée pour une abjuration. Ils les em-
pêchoient de dormir durant l'espace de sept ou huit
jours, se relevant les uns les autres pour les garder à
vue jour et nuit et pour les tenir réveillez, soit en leur
jettant des ayguiairées d'eau sur le visage, soit en les
tourmentant en mille manières, soit en leur tenant
sur la teste des chauderons renversez sur lesquels ils
faisoient un continuel charivari jusqu'à ce que ces
malheureux eussent perdu le sens. S'ils en trouvoient
de malades, hommes ou femmes, attachez au lit par
de grosses et ardentes fièvres, ils avoient la cruauté

d'assembler une douzaine de tambours et de faire
battre la caisse à l'entour de leur lits durant des se-
maines entières sans discontinuer cet exercice qu'ils
n'eussent donné parole de changer. Il est arrivé en
quelques lieux qu'ils ont attaché les pères et les maris
aux quenouilles des lits, et à leurs yeux, ils ont voulu
forcer leurs femmes et leurs filles, sans qu'il s'en soit
fait aucune punition. Ils arrachoient les ongles des
mains et des pieds, ce qui ne se pouvoit faire sans
des douleurs inouies. Ils enfloient hommes et femmes
avec des souflets jusqu'à les faire crever... »

J'arrête ici mes citations, assuré, Messieurs, qu'à
l'ouïe de ces infamies, vos cœurs se sont soulevés,
comme le mien, d'indignation et de dégoût. On a
quelquefois comparé les persécutions qui frappèrent
les huguenots au xviiᵉ siècle à celles qu'endurèrent
les chrétiens des premiers siècles, et on a eu l'air de
croire que celles-ci furent infiniment plus atroces que
celles-là. C'est une erreur, Messieurs ; certes, c'est un
crime odieux que d'envoyer, pour cause de religion,
des hommes et des femmes paisibles périr dans les cir-
ques sous la dent des tigres et des lions ; mais il y a,
comme le disait naguère une voix éloquente, un
attentat plus odieux que celui-là, c'est de violer, ainsi
que nous venons de le voir, ces deux sanctuaires sacrés,
celui de la famille et celui de la conscience, et cela, on
l'a dit encore avec vérité, les païens ne l'avaient pas
fait !

Nous pouvons ajouter que la constance des huguenots ne le céda en rien à celle des premiers martyrs.
Dans l'émouvant chapitre de sa grande histoire de

France qu'il a consacré aux *dragonnades*, M. Michelet fait observer que les femmes furent surtout admira-rables. Plus croyante, plus obstinée que son mari, la femme protestante montrait plus nettement son aversion pour le papisme et devenait ainsi l'objet principal des obsessions des soldats. « Mais, dit l'historien, nulle humiliation de nature ne pouvait dompter son âme ; elle se relevait par la prière, par la fixité de sa foi. »

Toutefois, il faut reconnaître que, dans bien des cas, la pauvre nature humaine ne put supporter sans fléchir de pareilles violences. Tandis qu'à la nouvelle de ces persécutions, un long cri d'indignation s'élevait partout en Europe, la gazette de France remplissait ses colonnes de la liste interminable de nouveaux convertis. C'étaient des populations entières, affolées de peur, qui consentaient à se réunir ; mais que valaient et combien duraient ces conversions forcées ! Mme de Maintenon écrivait à son frère : « Je crois qu'il n'y aura bientôt plus de huguenots en Poitou que nos parents ; bientôt il sera ridicule d'être de cette religion-là. » Il n'y avait pas de jour où le Roi ne reçut quelque courrier qui lui apportait de grands sujets de joie, c'est-à-dire l'annonce de nouvelles conversions par centaines et par milliers. Dès lors, le dénouement de ce long drame était proche, le but de l'abominable complot était atteint. Le Roi se laissa aisément persuader que le protestantisme était anéanti dans son royaume, et il n'hésita pas à frapper le coup décisif : le 18 octobre, étant en son château de Fontainebleau, il signa l'Édit de Révocation.

II

Dans la préface de cette triste ordonnance, dont voici le fac-similé (1), le monarque rappelle les efforts de son aïeul Henri IV et de son père Louis XIII pour faire triompher la religion catholique et il ajoute que, depuis son avénement au trône, il a embrassé le même dessein et que ses soins ont abouti, « puisque, dit-il, la meilleure et la plus grande partie de nos sujets de la religion prétendue réformée ont embrassé la catholique. » Dès lors, l'Édit de Nantes étant devenu inutile, le Roi croit devoir le révoquer ainsi que tous les articles ajoutés depuis.

Les dispositions principales de l'Édit révocatoire sont les suivantes :

Les temples protestants seront tous démolis sans exception, et l'exercice du culte cessera partout.

Les ministres refusant de se convertir seront sommés de quitter le royaume, dans le délai de quinze jours, à peine de galères.

Les écoles des réformés seront fermées ; les enfants qui leur naîtront désormais seront baptisés par les curés des paroisses et élevés dans la religion romaine.

Les religionnaires, qui se sont déjà réfugiés dans d'autres pays, auront un délai de quatre mois pour rentrer en France et abjurer ; ce terme passé, leurs biens seront confisqués.

(1) Ce fac-similé a été publié par le *Bulletin de la Société de l'Histoire du Protestantisme français*, dans son intéressant numéro 15 septembre-15 octobre 1885.

Défense est faite aux protestants de sortir du royaume à peine de galères pour les hommes et de confiscation de corps et de biens pour les femmes.

Toutes les dispositions de la loi contre les relaps sont confirmées.

Après quoi, l'Édit ajoute sur le ton d'une apparente et dérisoire modération, que les réformés qui ne se convertiront pas pourront demeurer dans le pays *en attendant qu'il plaise à Dieu de les éclairer comme les autres*. La suite de cette lugubre histoire a montré ce que ces mots voulaient dire.

Tel est ce fameux édit; nous savons qui l'a signé; mais qui l'a dicté?

Des écrivains catholiques, trop intéressés, ont voulu en attribuer l'inspiration à l'idée, fortement enracinée alors dans les esprits, de l'unité politique du Royaume. — Les protestants, ont-ils dit, formaient un État dans l'État; comme tels, ils étaient réputés dangereux pour la paix et l'unité de la nation. — Cette raison-là aurait pu avoir quelque valeur un demi-siècle auparavant, durant les guerres civiles; mais, depuis que le cardinal Richelieu avait anéanti le parti protestant, depuis la prise de La Rochelle et le traité d'Alais en 1629, les choses avaient entièrement changé de face : les protestants avaient renoncé à leur organisation politique et à toute action militaire; ils s'étaient exclusivement adonnés à l'agriculture, à l'industrie, aux sciences et aux arts; ils s'étaient confondus avec le reste de la nation. Ce n'est donc pas là la vraie cause.

La Révocation de l'Édit de Nantes est, disons-le hautement, le fruit du fanatisme religieux, de l'intolérance catholique; mais elle a eu plusieurs auteurs entre lesquels se partage la responsabilité du crime.

Le premier et le grand coupable, comme cela a été tout récemment encore démontré d'une manière irréfutable (1), c'est le clergé catholique de France qui, dans ses assemblées générales, par ses livres et ses discours, a préparé et demandé avec instances ce fatal édit et qui, après l'avoir obtenu, l'a acclamé avec enthousiasme. Ai-je besoin de rappeler l'accent dithyrambique avec lequel, dans une de ses oraisons funèbres, son grand orateur Bossuet le célébra en présence d'un grand nombre d'évêques de l'Eglise gallicane : « Touchés de tant de merveilles, épanchons nos cœurs sur la piété de Louis. Poussons jusqu'au ciel nos acclamations, et disons à ce nouveau Constantin, à ce nouveau Théodose, à ce nouveau Marcien, à ce nouveau Charlemagne, ce que les 630 Pères dirent autrefois dans le Concile de Chalcédoine : Vous avez affermi la foi, vous avez exterminé les hérétiques; c'est le digne ouvrage de votre règne, c'en est le propre caractère. » Le clergé tout entier célébra ce grand jour par de publiques actions de grâces, auxquelles — il faut bien le dire — s'associa avec empressement le peuple de Paris. Des médailles furent frappées pour en éterniser le souvenir. A Rome, la joie fut immense; un *Te Deum* fut chanté en l'honneur de la conversion des huguenots, et le pape Innocent XI, qui cependant n'avait pas eu à se louer de Louis XIV, lui envoya un bref de félicitations.

Le second coupable, c'est l'entourage du Roi, c'est

(1) Voir dans la *Revue historique* (1885) l'article de M. F. Puaux, intitulé : *La Responsabilité de la Révocation de l'Édit de Nantes.*

son « conseil de conscience » ; c'est l'immoral arche-
vêque de Paris, Harlai ; c'est le vieux et fanatique
chancelier Michel Le Tellier ; c'est le Père Lachaise, le
confesseur du roi, l'instrument docile des jésuites ;
c'est le dur et cruel intendant Louvois ; c'est aussi la
froide et habile Mme de Maintenon, la petite-fille du
grand et pieux huguenot Agrippa d'Aubigné, qui, après
avoir abandonné dans son enfance la religion de ses
pères, en était devenue l'implacable ennemie. Voilà les
conseillers directs de cet abominable édit.

Mais la responsabilité morale du crime retombe
aussi lourdement sur le Roi très chrétien. Son oubli
de ce qui fait le vrai fond du Christianisme et de la
vie chrétienne, son ignorance, — il l'a avoué plus tard à
son lit de mort — du véritable état des affaires de
l'Eglise et du pays, sa prodigieuse infatuation de lui-
même, son féroce égoïsme, et disons-le aussi, le désir
qu'il éprouvait de racheter les nombreux péchés de sa
jeunesse et de son âge mûr, ont inspiré son cœur et
dirigé sa main. La proscription de deux millions de
ses sujets, c'est la *rançon* que Louis XIV a offerte à
Dieu et à l'Eglise pour les scandales de sa vie. O monarque insensé, la postérité, et avant elle les flatteries
de tes contemporains, t'ont donné le nom de *grand*.
Je ne sais si tu as mérité ce nom dans d'autres domaines, mais il en est un dans lequel la conscience
humaine, mieux éclairée, te le refuse absolument, te
réprouve et te condamne, c'est le domaine moral, celui
qu'un de tes plus nobles persécutés, le janséniste Pas-
cal, a appelé « l'ordre de la charité ».

Pour être pleinement juste, je me hâte d'ajouter que
le complice de cet acte fut l'opinion publique qui,

presque partout en France, dans l'Eglise catholique, bien entendu, l'approuva hautement. Ah! Messieurs, c'est ici une des marques humiliantes de la faiblesse de l'esprit humain et de sa lenteur à comprendre les vérités les plus simples et les plus élémentaires, l'idée de la liberté de conscience, l'idée même de la tolérance était à peu près inconnue dans ce siècle, si rapproché du nôtre; c'est une idée de date très récente, au moins dans son avènement, car elle est très ancienne dans son origine : n'est-elle pas née dans le cœur de Celui qui, pour sauver le monde, n'a versé d'autre sang que le sien, et n'a-t-elle pas été proclamée pour la première fois par ses glorieux apôtres, qui allaient répétant : « Il vaut mieux obéir à Dieu qu'aux hommes. — Les armes de notre guerre ne sont point charnelles. — Quand même je parlerais les langues des hommes et celles des anges, quand même j'aurais toute la foi jusqu'à transporter les montagnes, si je n'ai pas la charité, je ne suis rien..... La charité est patiente; elle excuse tout, elle espère tout, elle supporte tout... » Oui, Messieurs, la pleine et entière liberté de conscience a jailli, il y a dix-huit siècles, de la croix de Golgotha, mais elle n'a été sérieusement comprise, garantie, proclamée, elle n'est descendue dans les lois, dans les mœurs et dans les cœurs qu'il y a un siècle à peine, à partir de notre grande Révolution de 1789.

Quoi qu'il en soit, c'est un fait avéré que la plupart des contemporains de l'Edit de Révocation, laïques aussi bien qu'ecclésiastiques, l'approuvèrent sans réserve. Le *doux* Fénelon, comme le grand Bossuet, le janséniste Nicole, comme le célèbre Bourdaloue, disciple des jésuites, et avec eux la plupart des écrivains du grand siècle : la romanesque Mlle Scudéry, le moraliste La Bruyère, le *bon* Lafontaine, la spirituelle Mme de Sévigné firent assaut d'éloges et d'applaudissements. Quelques jours après la proclamation de l'Edit, Mme de Sévigné écrivait à sa fille : « Vous aurez vu sans doute l'édit par lequel le roi révoque celui de Nantes. Rien n'est si beau que tout ce qu'il contient, et jamais aucun roi n'a fait et ne fera rien de si mémorable... »

Le jour même où cet édit fut enregistré, une armée d'ouvriers arrivait à Charenton pour y commencer la démolition de ce temple célèbre, œuvre de l'architecte Salomon de Brosse, et qu'avait illustré l'éloquence de toute une série de pasteurs et prédicateurs éminents. Cinq jours après, il n'en restait pas pierre sur pierre (1). Ce même jour, l'un des pasteurs les plus connus et les plus vénérés de l'Eglise réformée de Paris, auteur du livre émouvant dont je viens de vous lire quelques extraits et de tant d'autres écrits remarquables, Jean Claude, recevait l'ordre de quitter Paris dans les vingt-quatre heures et de partir pour la terre d'exil. Un mois après, le 21 novembre 1685, il prêchait à La Haye devant un immense auditoire, à l'occasion du jeûne général d'humiliation et d'actions de grâces célébré par les réfugiés dans cette ville hospitalière, et il commentait avec éloquence ces paroles de l'Ecclésiaste : « Aux jours du bonheur, sois heureux, et aux jours du malheur, prends-y garde. »

(1) Voir dans le bulletin de la *Société de l'histoire du Protestantisme français* (année 1885, 15 septembre et 15 octobre) l'intéressant article de M. Douen sur *la Destruction du Temple de Charenton*.

Les jours du malheur s'étaient levés, en effet, sur nos ancêtres, et avec eux avait commencé, aux yeux de l'Europe indignée, ce grand et douloureux exode de la partie fidèle du peuple protestant, cette longue procession d'exilés qui, la mort dans l'âme, fuyaient cette terre de France, qui les bannissait de son sein. Suivez-les, Messieurs, ces nobles proscrits, de vos regards les plus sympathiques, car ils emportent avec eux le plus précieux des trésors, celui de la conscience, celui de la foi. Tous se hâtent vers la frontière, sous les déguisements les plus divers, quelquefois les plus vulgaires, non en corps, ni en famille, mais séparés, isolés, achetant à prix d'or des guides qui souvent les trompent et les trahissent. Les rigueurs de l'hiver, les longues marches à pied la nuit au milieu des bois, les rivières à traverser, les montagnes à franchir, la mer, la mer redoutable et inconnue de plusieurs, à passer sur de frêles barques ou au fond de cale des navires à travers les pluies et les ouragans, la peur d'être découverts par les farouches dragons ou les vigilants gardes-côtes qui les guettent et les pourchassent, et alors d'être traînés aux galères et aux cachots, la pensée plus terrible encore qu'ils vont se séparer, peut-être pour toujours, de leurs frères en la foi, de leurs amis, de leurs parents, de leurs enfants, rien, absolument rien ne les arrête. Ils vont, ils vont toujours jusqu'à ce qu'ils mettent le pied sur la terre de refuge. Ils n'auraient qu'un mot à dire pour retrouver leur patrie, leurs biens, leur liberté, leur famille, mais ce mot, ils ne le disent pas ou si, vaincus par la douleur ou les infirmités, quelques-uns faiblissent, ils ne tardent pas à se relever et à se rétracter au péril de leur vie. C'est par centaines, c'est par milliers qu'ils arrivent, exténués, hâves, les vêtements déchirés, mourant de faim et de froid, dans les pays qui les accueillent (1). Ceux-ci sont admirables dans leur hospitalité. L'Angleterre, la Suisse, la Hollande, l'Allemagne, le sud de l'Afrique, l'Amérique du Nord, leur ouvrent leurs bras. Genève devient surtout la ville du Refuge. Dans cette petite ville de seize mille âmes, quatre mille proscrits trouvent l'asile le plus empressé et le plus cordial. Les familles genevoises se serrent et s'entassent dans leurs maisons pour en recevoir le plus grand nombre. Sommée de rendre à la France son précieux dépôt, la noble cité appuyée sur Berne ose braver les menaces du puissant roi qui fait trembler l'Europe. — Honneur et reconnaissance à tous ces pays du Refuge; honneur surtout à toi, cité et Eglise de Genève qui as été dans ces jours de malheur la protectrice et l'amie fidèle de nos ancêtres. Tu as bien voulu te souvenir plus d'une fois, et tu nous rappelais hier encore d'une manière bien touchante (2), que tu as beaucoup reçu de la France en recevant le pur évangile de nos premiers réformateurs et de nos premiers martys; mais tu as payé noblement ta dette à l'égard de leurs descendants en leur ouvrant

----

(1) J'aurais voulu avoir le temps de raconter quelques-uns de ces voyages aussi dramatiques qu'héroïques; on trouvera sur ce sujet des détails intéressants dans le petit ouvrage populaire publié récemment par M. A. Vulliet et qui a pour titre : *Scènes de la Révocation de l'Edit de Nantes.*

(2) Le Centenaire bi-séculaire de la Révocation a été solennisé dans la plupart des pays du Refuge, et particulièrement à Genève. A cette occasion, le Consistoire et la vénérable Compagnie des pasteurs de l'Eglise nationale de Genève ont envoyé une adresse fraternelle aux Eglises réformées de France.

l'asile le plus doux et le plus sûr, les foyers de famille de tes enfants... Oui, honneur à toi !

III

J'ai accompli, Messieurs, la plus longue et la plus difficile partie de ma tâche en vous racontant cette lugubre histoire. Il ne me reste plus qu'à rappeler quelques-unes des conséquences funestes qui sortirent de l'acte de Révocation. Si je ne me trompe, elles vous feront voir à travers les manifestations de l'injustice des hommes les marques de la justice de Dieu. Cette justice semble d'abord se voiler à nos regards sous les coups répétés de la force triomphante, mais bientôt elle révèle sa présence et sa souveraineté.

Le 18 octobre 1685, la France avait laissé s'accomplir un grand crime politique et moral, qui, dans la pensée de ses auteurs, devait la relever et la sauver, et il fut bientôt manifeste, comme nous l'avons affirmé en commençant, que ce jour compterait désormais au nombre des plus funestes de notre histoire.

De l'aveu de tous les historiens les plus autorisés et les plus indépendants de notre siècle et du siècle précédent, de l'aveu même de la plupart des écrivains catholiques, la France a été troublée, appauvrie, abaissée pour de longues générations par cet odieux attentat à la conscience humaine.

L'émigration du peuple protestant, déjà commencée dans les années précédentes, prit des proportions immenses et dura pendant trois quarts de siècle. Un an seulement après la Révocation, le sage Vauban écrivait que « le pays avait perdu cent mille habitants, soixante millions d'argent monnayé, neuf mille matelots, douze mille soldats aguerris, six cents officiers et ses manufactures les plus florissantes. » Le duc de Saint-Simon, cet esprit si sagace et si pénétrant, dit dans ses Mémoires, que « le commerce fut ruiné dans toutes ses branches, et le quart du Royaume sensiblement dépeuplé. » Que l'on évalue seulement à deux cent cinquante mille selon certains historiens, ou à quatre cent mille selon d'autres — et ce chiffre semble le plus rapproché de la vérité — le nombre de sujets que pendant près d'un siècle l'émigration forcée des huguenots fit perdre au pays, ce fut un grand et irréparable déficit. Ces sujets étaient en général les hommes les plus industrieux, les plus actifs et les plus intègres. Dans son remarquable livre sur la *Révolution*, M. Edgard Quinet affirme que la France a perdu par la Révocation le plus pur de son sang; M. Henri Martin dans son *Histoire de France* déclare que « le pays s'appauvrit non seulement de ceux qui s'exilèrent, mais encore de ceux qui restèrent malgré eux, découragés, et ruinés, et qu'en réalité ce fut l'activité de plus d'un million d'hommes, et du million qui produit le plus, qui fut anéantie. » Je ne dis rien de l'opinion du plus éminent et du plus génial de nos historiens, M. Michelet; on sait qu'il a envisagé cet événement comme un grand crime et un grand malheur. Les provinces du Midi de la France, qui étaient le plus peuplées de protestants : la Provence, le Dauphiné, le Languedoc; celles de l'Ouest, la Guienne, la Gascogne, la Saintonge, le Poitou; celles du Nord, la Picardie et la

Normandie, virent leur prospérité se changer en ruine. À Paris, sur deux ou trois mille familles protestantes qui y résidaient, les deux tiers émigrèrent.

Ce que la France perdit, les autres nations qui accueillirent nos proscrits et dont quelques-unes étaient en lutte avec le grand Roi, le gagnèrent; pour elles se réalisa bientôt la parole de l'Ecriture : « Heureux celui qui se conduit sagement à l'égard de l'affligé. » Les protestants français apportèrent à ces contrées hospitalières, avec le souvenir de leurs malheurs, l'exemple de leurs vertus et les ressources de leur savoir et de leur activité; ils devinrent pour elles comme un sel vivifiant. Ce sont les réfugiés français établis dans le Brandebourg qui contribuèrent à fonder le royaume de Prusse, devenu plus tard — nous le savons hélas ! — si hostile et si fatal à la France. Ce sont encore des réfugiés français qui aidèrent Guillaume d'Orange à vaincre le roi Jacques II, le malheureux allié de Louis XIV, et à opérer en Angleterre, contrairement à tous les efforts et à tous les intérêts de la politique française, la grande révolution dynastique de 1688. L'histoire des réfugiés et des églises du Refuge, que nous ont retracée deux écrivains compétents et distingués (1), nous montre le bien immense que nos ancêtres exilés ont fait aux nations qui les ont si cordialement accueillis. La Suisse, la Hollande, l'Angleterre, la Prusse, le Danemark, le Sud de l'Afrique, l'Amérique du Nord, reçurent d'eux une grande et

(1) Voyez l'histoire des *Réfugiés protestants de France*, 2 vol. par Ch. Weiss, et *les Eglises du Refuge*, par F. de Schickler. Voyez aussi l'ouvrage traduit de l'anglais qui a pour titre : *Les Huguenots en Angleterre et en Irlande*, par Samuel Smiles.

bienfaisante impulsion dans tous les domaines, dans le commerce, dans l'industrie, dans l'agriculture, dans l'armée, dans l'art et la science mêmes. La Providence divine se servit de nos pères comme elle avait fait autrefois des juifs déportés ; leur ruine, leur dispersion devint « la richesse des nations ».

Au point de vue moral et social, les effets de la Révocation furent plus désastreux encore. Les édits promulgués de 1660 à 1685, les violences exercées sur les consciences par la caisse des conversions et par les dragonnades, l'édit de 1685 et les actes qui le suivirent, portèrent une grave et incurable atteinte aux principes sacrés qui sont les fondements de toute société humaine : la religion, la famille, la propriété. « Les socialistes modernes n'ont jamais été plus loin dans leurs théories que n'allèrent contre les réformés Louis XIV, les jésuites, le sacerdoce catholique et la magistrature du temps ». Cette judicieuse remarque de l'un de nos plus graves historiens protestants auquel j'ai emprunté plusieurs de ces considérations (1), se confirme tous les jours, aux yeux des observateurs attentifs de la marche des esprits. Les excès du fanatisme religieux ont préparé la voie à ceux du jacobinisme politique, et les défenseurs modernes de l'Eglise romaine sont mal fondés à reprocher à celui-ci les violences dont celui-là a le premier donné le précepte et l'exemple. Qui nous dira aussi le mal qu'a fait à notre caractère national la perte de tant d'hommes qui savaient unir dans leurs cœurs et faisaient éclater dans leur vie les vertus les plus rares et les plus soli-

---

(1) M. G. de Félice dans son *Histoire des protestants de France*.

des, la modération dans la force, la fermeté dans l'épreuve, la probité dans les transactions, l'amour de la vérité et le respect de la liberté. La direction de notre esprit national n'a-t-elle pas été profondément faussée par cette grave mutilation? C'est là ce que pensent des historiens et des publicistes étrangers à notre foi ; c'est là ce que vient d'affirmer dans les colonnes d'un journal, organe de la libre-pensée, un écrivain avec lequel les protestants convaincus n'ont pas souvent la bonne fortune de se trouver d'accord, M. Paul Bert. Laissez-moi vous lire la conclusion de son remarquable article (1) :

« La persécution qui jusqu'à la Révolution même — cette Révolution que quelques-uns renient — fit des protestants qui restèrent fidèles à une foi dont toutes les manifestations étaient interdites, de véritables proscrits à l'intérieur, a créé un antagonisme légal et permanent entre des citoyens divisés seulement par la religion ; elle a tué depuis 1685 l'influence pacifique que le rayonnement de la Réforme devait exercer sur l'éducation publique du pays. Si l'Edit de Nantes, violé dès le milieu du XVIIe siècle, eût été exécuté loyalement, nul doute que l'exercice de la liberté de pensée dans le domaine religieux n'eût eu un retentissement dans le domaine politique et n'eût modifié la façon de penser des catholiques eux-mêmes. Le développement de l'indépendance individuelle joint à l'esprit de particularisme national qui dominait alors l'Eglise de France aurait probablement amené dans le sentiment religieux de la masse de la nation un état mixte à mul-

(1). Voyez le journal *le Voltaire*, n° du 23 octobre 1885.

tiples aspects, affectant plus ou moins la forme de schismes par rapport à l'Eglise romaine. De là une éducation personnelle beaucoup plus libre et plus variée, qui eût donné à la France un état mental plus comparable à celui des nations entièrement protestantes. De là, en un mot, une précieuse préparation à la liberté par la tolérance et la discussion.

« Au contraire, la Révocation de l'Edit de Nantes nous a livrés exclusivement et complètement à l'Eglise catholique. C'est elle qui a régné en souveraine non seulement sur les institutions et les mœurs, mais sur ce qui les prépare, l'éducation publique. D'où — remarquez, Messieurs, ce passage significatif — d'où l'obéissance passive, n'ayant comme compensation que la révolte ; de là l'absolutisme infaillible n'ayant comme contrepoids que le scepticisme et la négation ; de là l'intolérance avec les excommunications sincères, les pires de toutes...

« Ce n'est pas en vain que pendant deux siècles de plus les générations ont été imprégnées de cet esprit tranchant et crédule à la fois. Nos écoles politiques ont pris les allures de sectes où l'infaillibilité a seulement changé de base, où chacun s'est fait pape, et hors desquelles il n'est point de salut, de raison, d'honnêteté.

« Voilà, à mon sens, le plus grand mal que la Révocation ait fait à la France. Elle l'a rendue autoritaire et révolutionnaire à la fois, en faisant de nous tous, de ceux mêmes qui, par l'ardeur de leur hostilité contre l'Eglise, semblent avoir le plus échappé à son influence, des catholiques sans le savoir. »

Ces réflexions si frappantes de vérité et qui, échappées à une telle plume sont presque une confession, nous amènent à constater maintenant qu'au point de vue strictement religieux, la Révocation de l'Édit de Nantes porta au sein de notre pays les fruits les plus amers. Dans ses *Etudes historiques*, Chàteaubriand a dit de la Saint-Barthélemy: « Cette exécrable journée ne fit que des martyrs, elle donna aux idées philosophiques un avantage qu'elles ne perdirent plus sur les idées religieuses. » Cette parole trouve ici une nouvelle application. Le spectacle de tant de sang et de tant de larmes versées au nom de la religion, la vue des menées et des violences de l'esprit de bigotisme et d'intolérance, jetèrent bien des âmes dans les voies du scepticisme et de l'incrédulité. Les historiens l'ont constaté, quand Louis XIV mourut, la cour et la ville étaient pleines de gens qui ne croyaient plus à la Religion. Bientôt à la dévotion étroite et monotone de Mme de Maintenon et de son entourage, succédèrent le libertinage et les folies de la Régence ; puis, on entendit éclater le rire formidable de Voltaire et les sarcasmes de l'Ecole encyclopédique. Qu'était devenue la grande idole de l'unité religieuse à laquelle on avait tout sacrifié? Où était la foi religieuse elle-même?..

Mais ce ne fut pas seulement la prospérité sociale, politique, morale et religieuse de la France qui reçut du décret de la Révocation une blessure profonde ; la justice divine frappa aussi de ses coups celui qui l'avait signé. Nous avons déjà remarqué que cette année néfaste coupe nettement en deux le règne de Louis XIV. A partir de cette date, l'étoile du monarque qui n'avait cessé de briller et de monter à l'horizon commence à décliner et à pâlir. Quelques années après, ce roi si heureux et si adulé essuyait une série de défaites et se voyait réduit à demander à l'Europe coalisée une paix qu'il n'obtint qu'à de dures conditions. Quand il mourut en son palais de Versailles, il était à peu près seul, abandonné depuis son entrée en agonie de ses conseillers les plus intimes, de ses courtisans les plus dévoués, de la femme même qu'il avait comblée de ses faveurs. Et quand, huit jours après, les derniers devoirs lui furent rendus, ce fut avec un appareil mesquin jusqu'à l'indécence et à travers les brocarts et les insultes de la foule qu'on conduisit à Saint-Denis le cercueil qui contenait les restes de celui qui avait été le grand Roi...

Le prestige de la royauté fut atteint du même coup. Après de telles fautes et de tels malheurs, on en vint à se demander s'il était juste, s'il était bon de confier les droits et les pouvoirs de la royauté absolue à un homme ignorant, faillible, qui pouvait se laisser diriger lui-même par des favorites corrompues ou intolérantes et par des confesseurs fanatiques et inintelligents. Des théories nouvelles sur l'origine et l'étendue de la souveraineté surgirent de toutes parts ; elles trouvèrent en France et ailleurs d'éloquents apologistes. Un jour vint où ces théories passèrent dans les faits et où, par une violente et irrésistible réaction, le trône royal, le trône de Saint-Louis, s'écroula et disparut dans une effroyable tempête... Ouvrez les yeux de l'esprit, Messieurs, et dans ce grand naufrage, à travers ce débordement de fureurs et d'injustices humaines, voyez passer ce qu'on a appelé *la Némésis de l'histoire* et ce que j'appellerai, moi, la justice de Dieu.

Quant au Protestantisme lui-même, l'objet de tant d'efforts, vous le savez, vous le voyez, il a survécu, semblable à cette enclume à laquelle il a été comparé, qui use tous les marteaux. Durant près d'un siècle après cet odieux attentat, les édits de proscription ont eu beau se succéder, les cachots et les galères se remplir, les potences et les bûchers se dresser, la Réforme française n'est pas morte. Les débris de cette église qu'on croyait à jamais anéantie se sont rassemblés au Désert, à la voix de quelques jeunes serviteurs de Dieu qui « en se dévouant au ministère, comme l'a écrit l'un deux, s'étaient dévoués à la mort, » les Antoine Court, les Claris, les Corteis, les Désubas, les Roger, les Pierre Durand, les Paul Rabaut. Notre peuple protestant est un jour sorti comme de dessous terre et s'est affirmé à la clarté des cieux, bravant tous les édits et toutes les haines jusqu'au jour où, grâce à son invincible obstination, grâce aussi à l'esprit nouveau qui avait commencé à souffler au XVIIIe siècle, il a reçu en 1787, par la proclamation d'un autre et bienfaisant édit, l'*Edit de Tolérance*, le droit d'exister et, moins de deux ans après, par la grande et immortelle Révolution de 1789, la pleine et entière liberté de conscience et celle du culte qui en est le corollaire et la garantie.

Et maintenant, Messieurs, nous voici, nous protestants, après tant de malheurs, diminués, affaiblis sans doute, affligés hélas ! de bien des misères morales mais vivants, debouts et libres, libres d'unir dans nos cœurs l'amour de la patrie et l'obéissance à notre foi, libres de parler, de vivre et de mourir en paix comme français et comme chrétiens réformés ; nous voici, toujours appuyés sur notre vieille Bible, sur cette Parole divine qui fut la lumière de l'obscur sentier de nos pères et qui sera toujours notre lumière et celle de nos enfants ; nous voici, portant avec nous — j'ose l'affirmer — le véritable et éternel Evangile, débarrassé de tous les voiles et de tous les alliages, l'évangile de l'esprit, l'évangile de l'amour, l'évangile du salut, celui qui est toujours ancien et toujours nouveau, parce que seul il correspond aux besoins immortels de l'âme humaine de tous les temps et de toutes les races ; nous voici, heureux de nous confondre avec vous tous dans les rangs de la grande famille française et prêts à tendre une main fraternelle à tous les hommes de bonne volonté, quel que soit le drapeau sous lequel il s'abritent, de quelque point de l'horizon spirituel qu'ils viennent, pour travailler avec eux à la grande et double tâche à laquelle la divine Providence nous convie : le relèvement moral de la patrie et l'avancement du règne de Dieu.

Oh ! puissions-nous, en dépit de nos faiblesses et de notre petitesse, apporter notre humble pierre à l'édifice qui s'élève ! Puissions-nous, humiliés et stimulés tout ensemble par la contemplation des souffrances et des vertus de nos pères, glorifier par notre vie cet évangile pour lequel ils ont tant souffert ! Puissions-nous nous montrer toujours les amis enthousiastes et dévoués de toutes les grandes et nobles causes, les défenseurs obstinés du droit, de la justice, du progrès, de la liberté, et concourir ainsi, comme nous y invitait naguère un de nos publicistes les plus éminents, à faire cesser le déplorable malentendu qu'a créé le fanatisme religieux entre le Christianisme et la société moderne !

Et puissions-nous tous, Messieurs, catholiques et protestants, et j'ose ajouter, croyants et libres-penseurs, prêter une oreille attentive à ces leçons du passé, et dans cette lamentable histoire que j'ai essayé de retracer, avoir appris au moins trois grandes choses :

L'excellence et la puissance de la foi ; — l'amour et le respect de la vraie liberté ; — la haine du fanatisme et la pratique de la tolérance, disons un mot plus grand et plus chrétien, de la charité !

Imprimeries F. GUY, à Alençon et à Laigle. — Alençon.

PUBLICATIONS DU MÊME AUTEUR

Manuel de Religion chrétienne. 1 vol. in-12, 3e édition ... 3 50

De l'Évangélisation de la France. Broch. in-18 ... 50

De la pénurie des Pasteurs et des moyens d'y remédier. Broch. in-8° ... 75

La Tour de Constance à Aigues-Mortes. Broch. in-8° ... 50

Sermons. Vol. in-12 ... 3 50

La Jeunesse et l'Évangile. Broch. in-8° ... 50

Coup d'œil sur l'état religieux actuel de la France et particulièrement du Protestantisme français. Broch. in-8° ...

Imprimerie F. GUY — Alençon

9 782019 990718